Anna Czochra Irena Tarkowska

MÓJ PIERWSZY ELEMENTARZ

Ilustracje i opracowanie graficzne

Barbara Mudryk-Gołdon

Warszawa 1999
Wydawnictwa Szkolne i Pedagogiczne Spółka Akcyjna

Fotografie:
Grażyna Bryk; PAP/CAF

Redaktor merytoryczny
Joanna Straburzyńska

Redaktor techniczny
Danuta Hutkowska

Książka dopuszczona do użytku szkolnego przez Ministra Edukacji Narodowej i wpisana do zestawu podręczników do nauczania języka polskiego na poziomie klasy pierwszej szkoły podstawowej.
Numer w zestawie: 457/94

W *Elementarzu* wykorzystano utwory następujących autorów: J. Minkiewicza (tłum. z jęz. ang. ss. 84, 85), M. Szyszko (s. 87), J. Kiersta (s. 88), J. Korczakowskiej (s. 89), Cz. Janczarskiego (s. 93), H. Łochockiej (s. 94). Ponadto kanwą utworów na stronach 52, 74, 75, 82, 86 są teksty J. Jałowiec zamieszczane na łamach „Świerszczyka".

ISBN 83-02-05770-3

Wydawnictwa Szkolne i Pedagogiczne Spółka Akcyjna
Warszawa 1999
Wydanie piąte.
Przygotowanie do druku: Garmont s.c., Warszawa
Druk i oprawa: Białostockie Zakłady Graficzne

ŁUKASZ KONIARZ

2+1=?

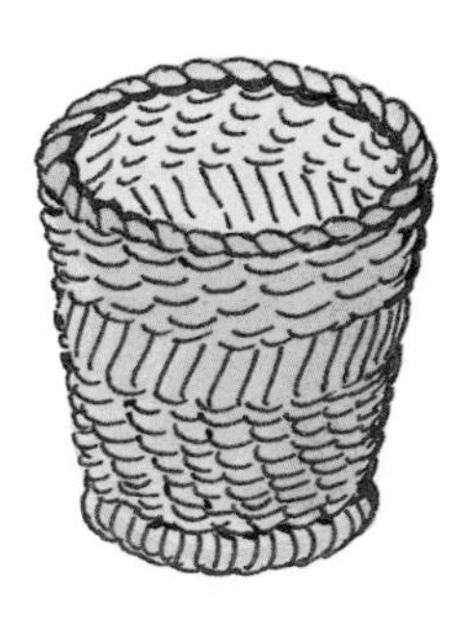

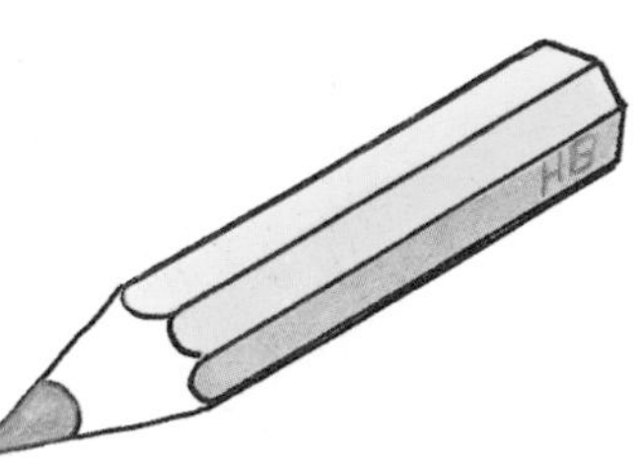
HB

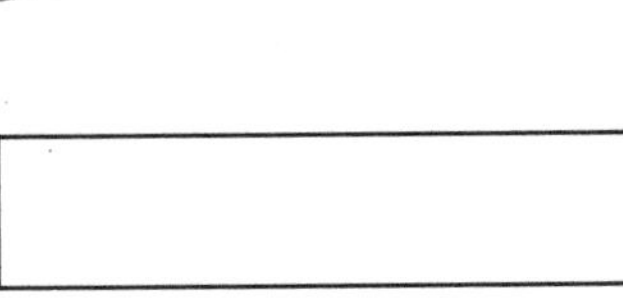

a

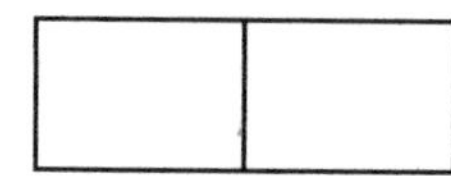

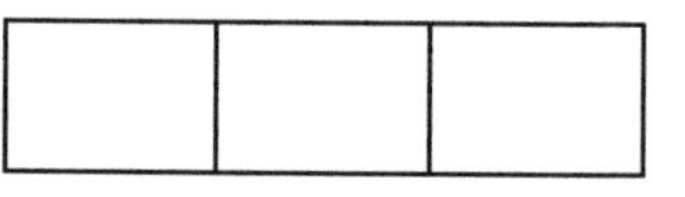

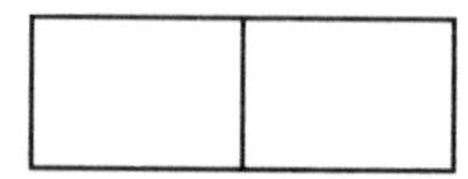

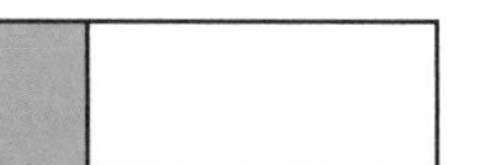
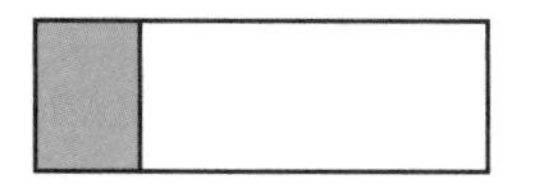

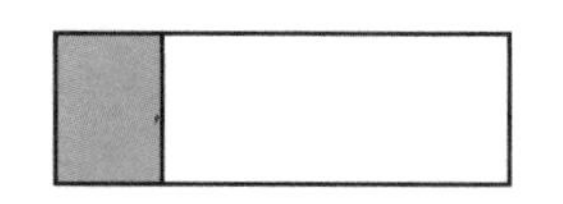
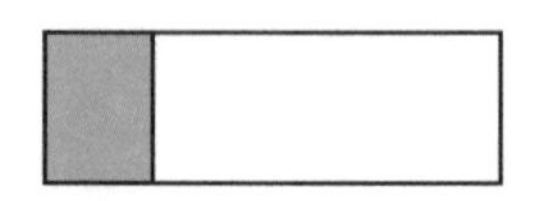

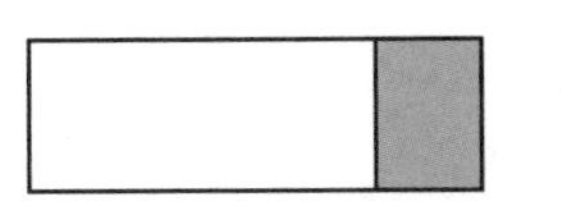

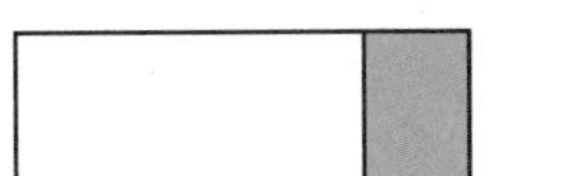

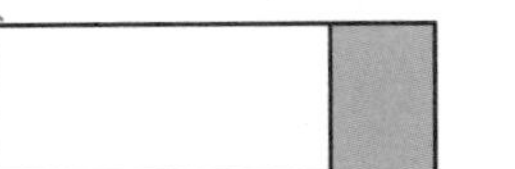

a A
a A

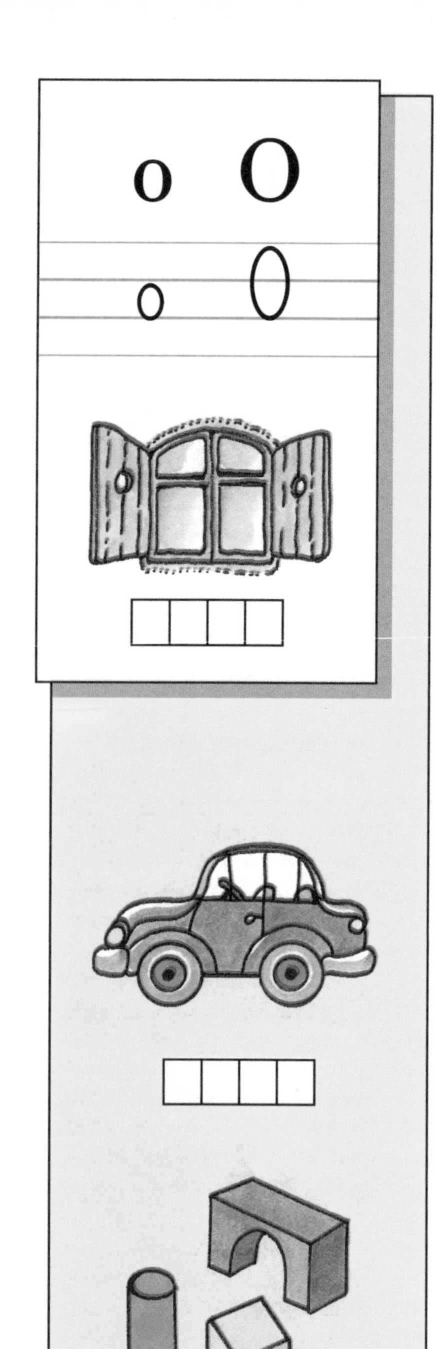
o O
o O

i I
i
i

e E
e E
HB
e
e
e

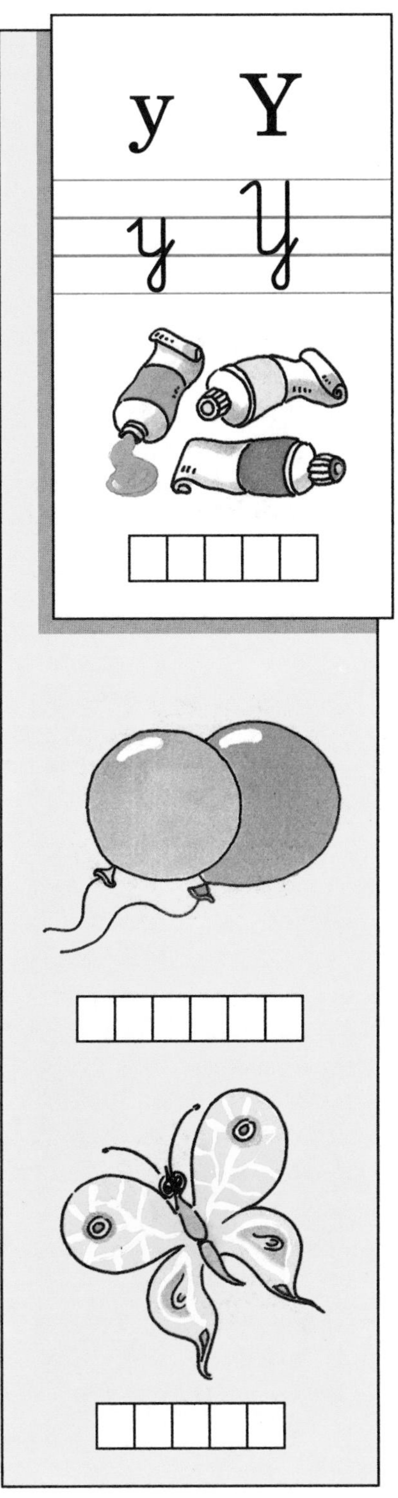

y

y

y

u U
u U

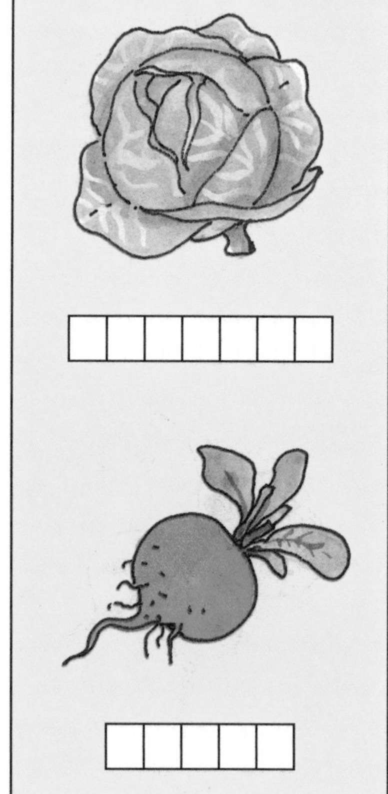

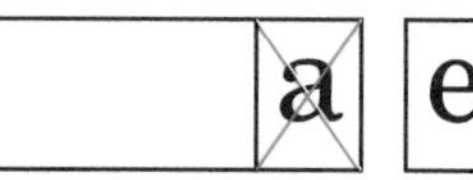
a e

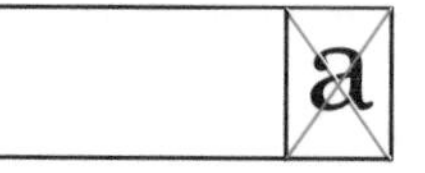
a y

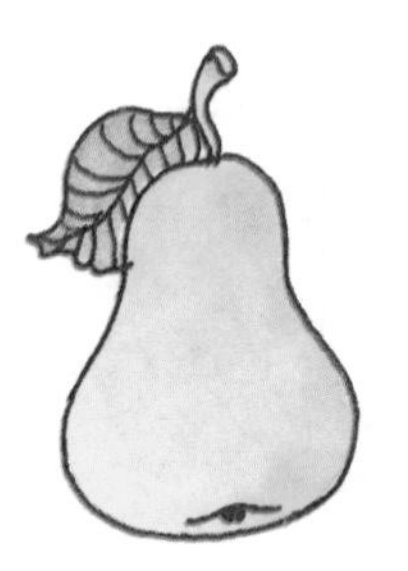

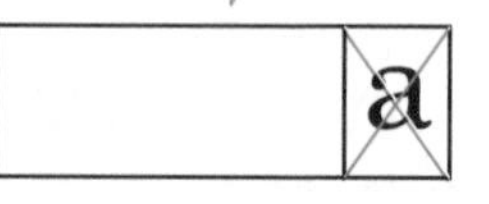
a i

ó Ó
ó Ó
a e
a y
a i

ą
ą

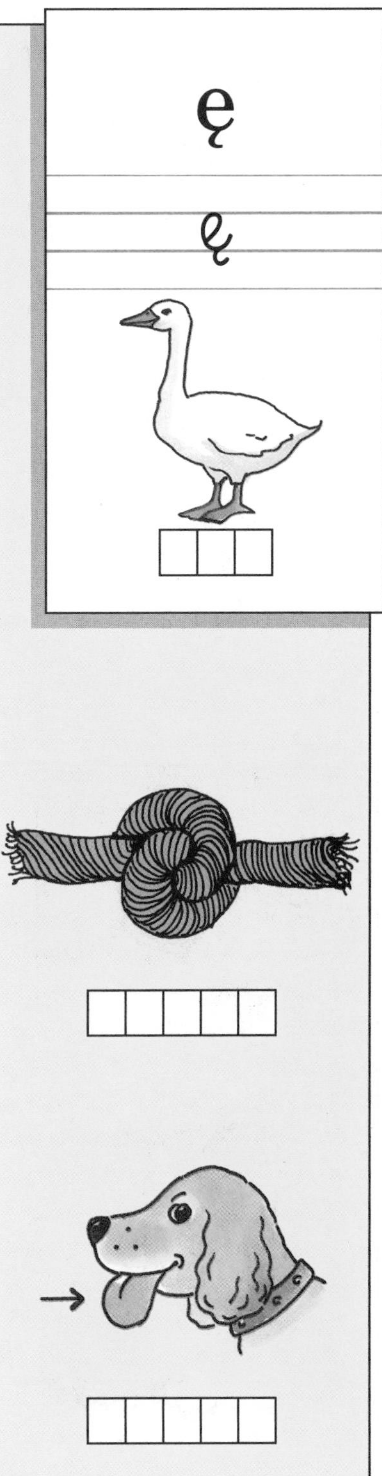
ę
ę

i = ó

lali. Ela lalę.

lo	lę	lu	li	la	le	lą

To tata Eli i  .

A  ?  .

to	ta	tu	te	ty	tą	tę

To mama Eli i  . Mama  .

Ela ma lalę, a Ula ma .

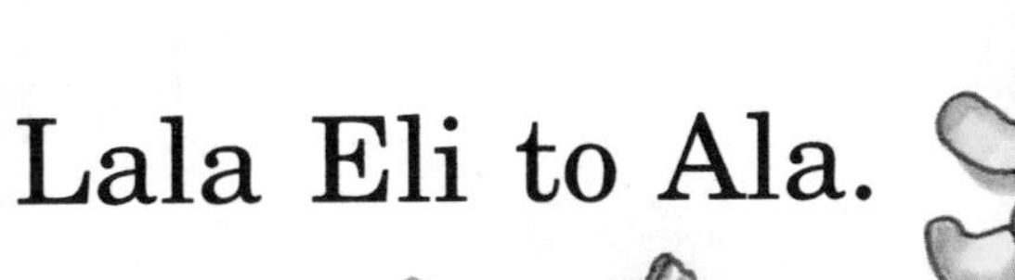
Lala Eli to Ala. Uli to Tom.

Ela ma  . Ula ma 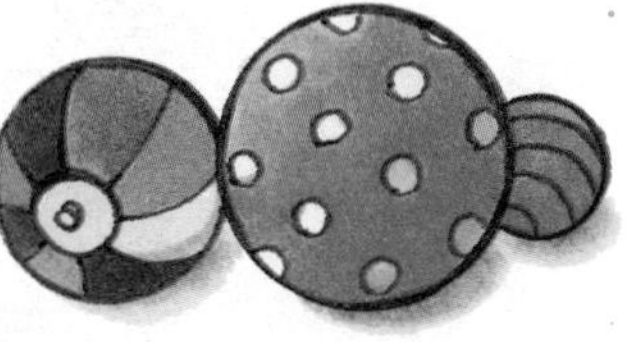 .

My mamy  .

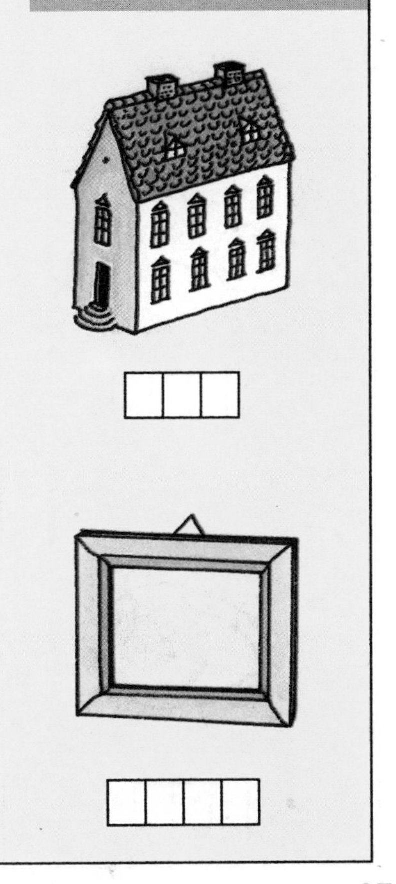

ma	mo	mu	mi	me	mę	mą

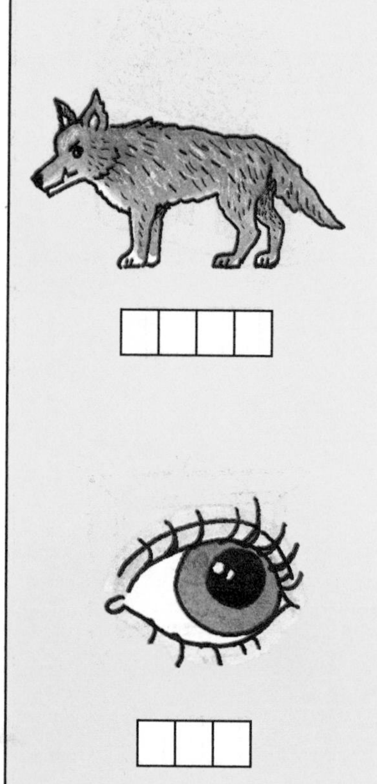

ka	ko	ku	kę	ki	ką

Tyle tu . I Olka, i Tomka.

Te są Olka, a te Tomka.

Sum Olka ma , a lis Tomka ma

kitę. to .

są	su	sa	si	se	sę	sy

l a s k a
m o s t
s m o k
l i s t
k o s a
u s t a
s a m o l o t
l i s
k l e k s
?

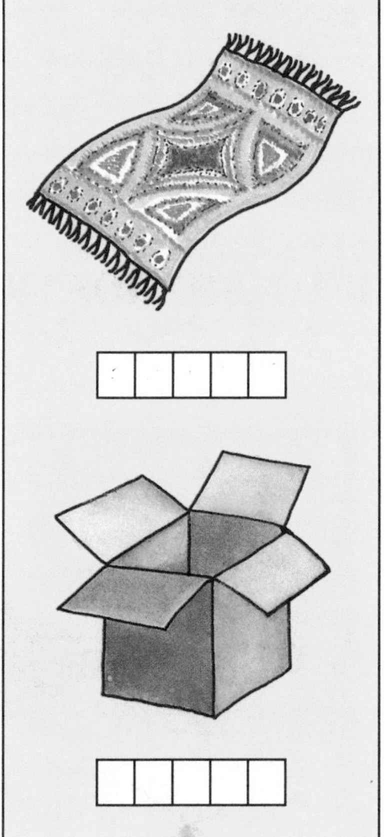

To dom mamy, taty, Eli i Tomka.

Tam mama , a tata  .

Ela  . Tomek  .

da	de	du	dy	do	dą	dę

To dom Eli i Tomka.

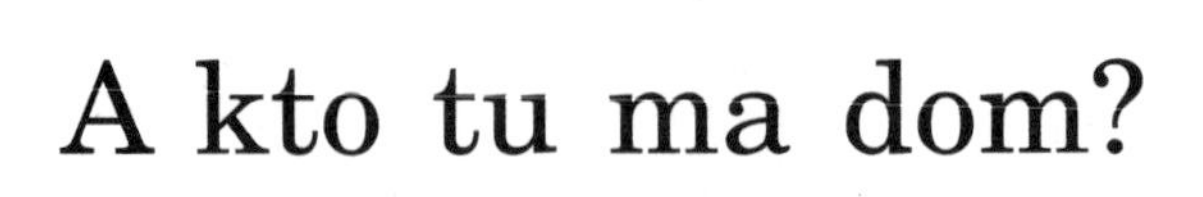

A kto tu ma dom?  A tu? 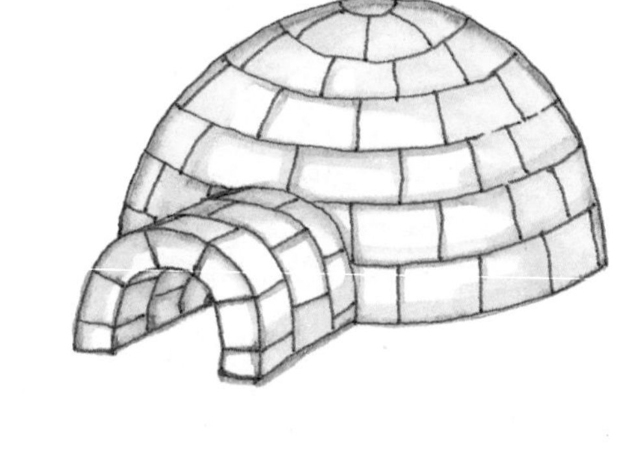

I to są domy: , 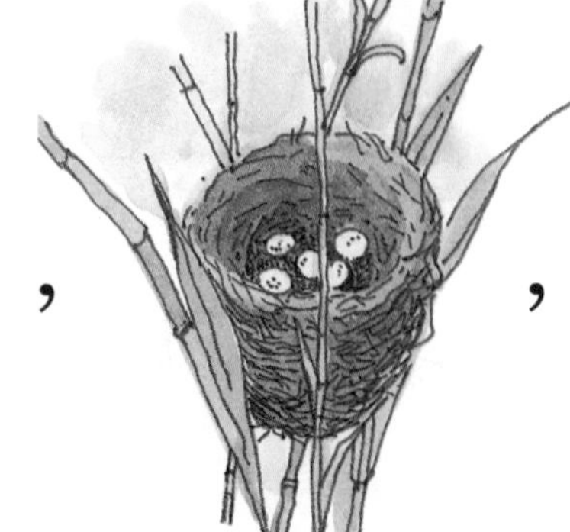, .

A domy , , , ?

Ja jadę koleją.

A ja jadę
kolejką.

j J
jadą

A ja i Adam?

A my?

A tata
i mama?

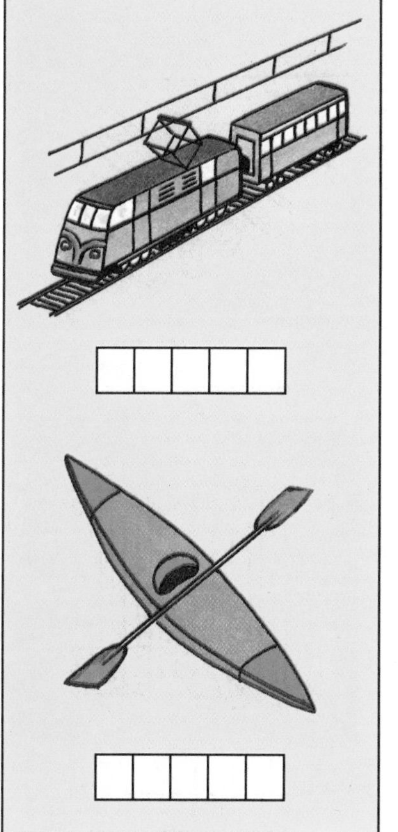

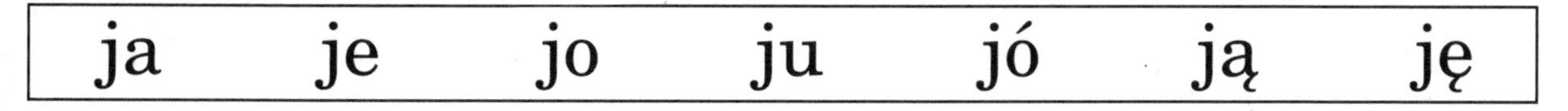
ja je jo ju jó ją ję

– Tomku, jest mi smutno i nudno.
– To daj nuty. Są na stoliku.
– Na stoliku jest lalka.
– A na stole?
– O, są tutaj.
– To daj stojak i smyk.
Elu, stukaj do taktu.
– To melodia
na smutek
i nudę.

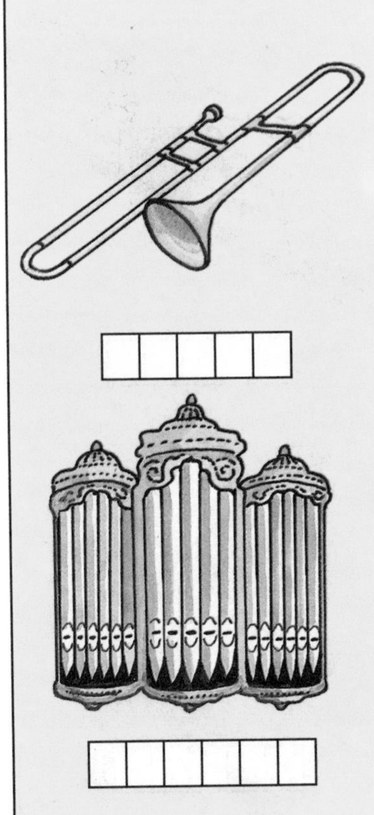

na	ne	ni	ną	nu	nę	no	ny

Mama, tata, Ela i Tomek są na lotnisku. Witają wujka Waldka.
– Wujek Waldek jest wysoki i ma wąsy – mówi tata. – Te wąsy to wielka odmiana. Ale wujek jest taki sam jak dawno temu.

Nadają komunikat:
– Samolot LOT-u ląduje.
– Tato, to wujek? Tak, to wujek! Wujku, wujku, to my, Ela i Tomek!

Daleko stąd jest wyspa, a na wyspie wysokie palmy. Jedne mają kokosy, inne daktyle. Kokos to taki wielki , a w nim jest mleko kokosowe. Daktyl jest malutki jak pestka. Palmy są domem dla i . A u nas są palmy?

pa	pu	po	pe	pó	py	pą	pę	pi

Jadą auta i traktory. Wydalają wiele spalin. Dymią kominy. Odpady trują wody. Kto nas uratuje? Mądry Marsjanin? Mama i tata? A my sami? Jakie mamy na to rady?

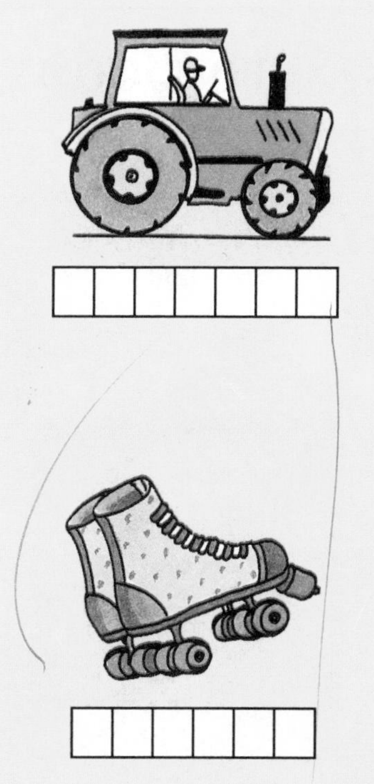

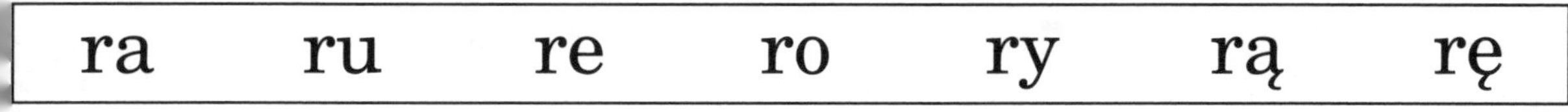

Ojej, to imieniny Kamy!
5
Kamy

Mam podarunek dla Kamy!

Oto podarunek!
?

Kto jest kim?

– Olku, mam na biurku nowy model! – mówi Bartek. – To jest rakieta.
– Ale to trudny model. Ja wybieram model samolotu. Namaluję na kolorowym brystolu, wytnę i posklejam.
– A ja skleję lotnisko dla mojej rakiety.
– Lotnisko? – pyta Olek.
– Tak.
– A jak latano dawno temu?
– Latano balonem.

ba	be	bi	bo	by	bu	bą	bę

BAL MASKOWY

Klasa ma bal maskowy. Sala jest ubrana kolorowymi balonami. Pląsają bajkowe osoby.
– Ja jestem krasnalem – mówi Bartek.
– Mam brodę i kapturek.

Ula ma maskę kota, wysokie buty i wąsy. Kuba to smok. Królową balu jest Beata. Kim jest Beata? Ale udany bal!

– Kupimy owoce, cebulę, seler i lody. Podamy surówkę na kolację.
– A na deser – lody cytrynowe i owoce.
– Kupione? No, to wracamy do domu.

– Dodajmy pokrojoną w kostkę cebulę, sok cytrynowy, sól, cukier, wlejmy olej.
– Ale to trudna praca!

– Mamo, tato jaką mamy ocenę?
– Celującą.
Ta kolacja jest smakowita!

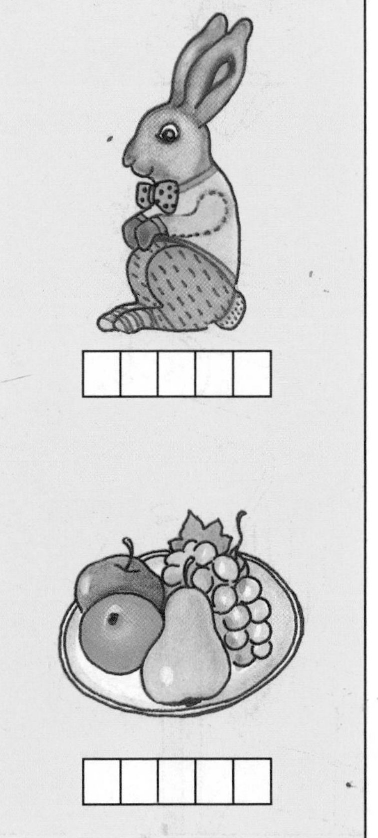

ca	cy	ce	ci	cu	có	co	cę	cą

Kto pracuje?

W góry

Tata: Tomku, Elu, w lutym góry i narty będą dla nas!
Tomek: Tato, jakie góry?
Tata: Polskie Tatry!
Mama: One są granicą Polski.
Ela: A kiedy wypróbujemy narty, kijki i gogle?
Mama: Jak tylko wypakujemy plecaki i torby.
Tomek: Wtedy wejdę na wysoką górę i pomknę w dolinę jak rakieta!
Ela: Jak rakieta? Jak lodowa kula, bo narty pojadą same!
Tata: Tak, Tomku, najpierw nauka, a potem wysoka góra.

ga	go	gó	gi	gę	gą	gu	ge

Program sportowy

Tata i Tomek oglądają program sportowy.
– Dobra gra – mówi tata.
– Gol! Gol! Bramka! – Tomek podskakuje do góry.
– Wygrali Polacy!
– Będą grali w następnej grupie!
– A potem walka o medal!
– Wygrają, na pewno wygrają!
– Będę dumny, gdy Polacy staną na podium!

Poznajemy Kraków

Olek, Ela i Iza poznali Kraków z widokówek. Kraków to dawna stolica Polski. W Krakowie jest wiele zabytków: Zamek Królewski, który nazwano Wawelem, Rynek, Barbakan.
Na wawelskim zamku jest muzeum. Tam są zbroje króla Zygmunta Starego, cenne obrazy i inne zbiory. A pod Wawelem jest Jama Smoka.

Kto z was zna legendę o smoku wawelskim?

za zu zo ze zi zę zą zy

Zamek

Podobno daleko stąd, za wysoką górą, za wielkim lasem stoi stary zamek. W tym zamku toną w mroku meble i obrazy. Okiennice zakrywają wysokie okna.

Tam, za starym, zepsutym zegarem stoi rycerska zbroja. Legenda mówi tak: Ten, kto zapuka w zbroję dwa razy, wyląduje w ulubionej bajce.

Jaka jest Twoja ulubiona bajka?

Pomysł

Całą noc padało. Zasypało ogródek. Wiał mocny wiatr. Biedna młoda jabłonka! Ula, Ela i Iza łamały głowy, jak jej pomóc. I wpadły na pomysł: odgarnęły łopatą zaspy i uwolniły jabłonkę. Potem ulepiły wielkie białe kule. Postawiły bałwana obok jabłonki. Uratowały jabłonkę?

ła	ły	ło	łu	łe	łę	łą

Kukiełki

Ela, jej mama i Ula zrobiły kukiełki. Proste kukiełki z pomalowanej tektury, patyka i piłek do ping-ponga. Kukiełki grały za parawanem z koca.

A co grały?

W CYRKU

W cyrku małpa Fikulina
fajne figle swe .... .
Fikulina fajkę pyka.
Fiki-Miki kozły fika.
Fikulina, Fiki-Miki
– obie małpki są z .... .
Foka z foką w piłkę grają,
no i dumne miny .... .
W ładnym fraku magik Filip
płata figle, moi mili.
Komik Felek bawi nas.
Tak nam wesoło upływa tu .... .

f F

f F

foka

fa	fu	fi	fe	fo	fę	fą

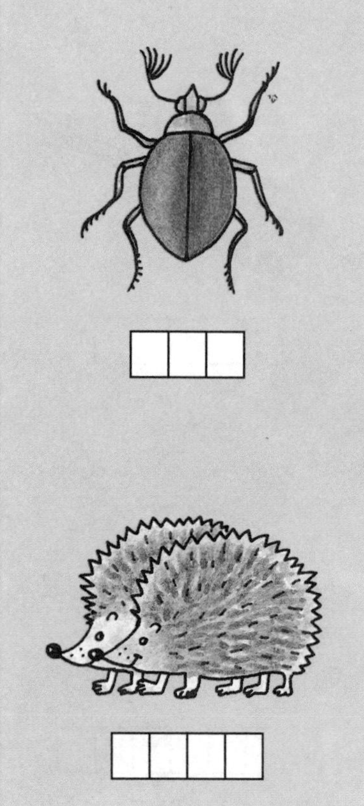

Kryjówki

Gdy nadejdą mrozy, różne zwierzęta znajdą kryjówki i zapadną w sen. Ale przedtem zrobią duże zapasy. Zbiorą zboże, grzyby, owoce i warzywa.

ża	żo	że	ży	żu	żę	żą

Krety wybierają do snu wąskie korytarze.
Jeże przykrywają swe kolce pierzynką
z igieł sosny i jodły. Rzeki są skute lodem.
Pod nim pływają ryby. Żaby zagrzebane
w mule marzą o wiosennej porze.

rza	rzą	rze	rzu	rzę	rzy

GŁOS KLASY I a

WAŻNE

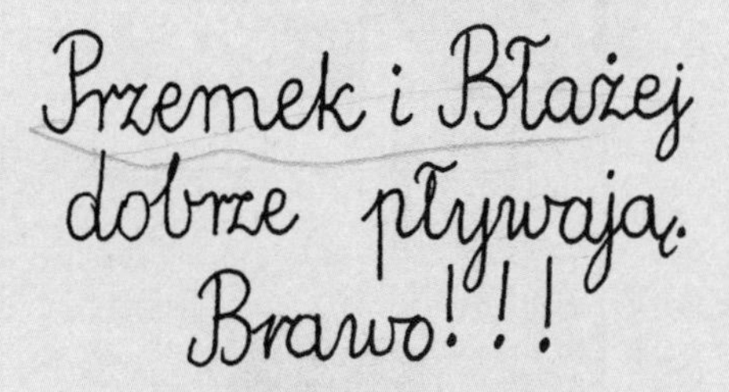

Katarzyna wygrała
konkurs rysunkowy.

ŻART

REBUSY

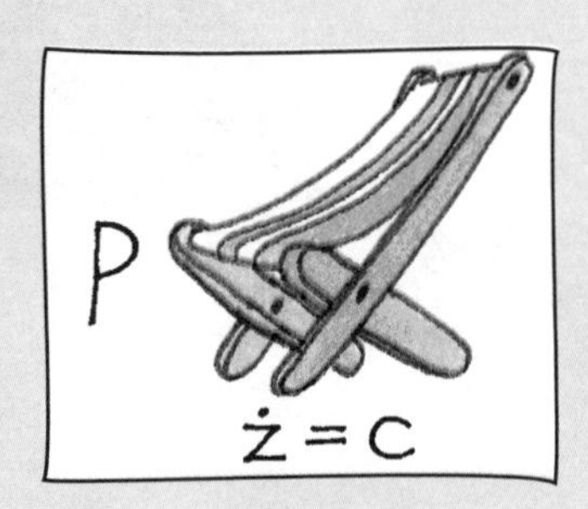

Redagowali: Kuba,
Marzena i Grzegorz

– Izo – mówi Ela. – To już szkoła. Nasza szkoła jest duża. Wszystko tam jest dla nas: klasa, tablica, regały, szafy, boisko.
– A jaką nazwę ma nasza szkoła? – pyta Iza.
– Zapytamy pani. O, tam jest nasza pani i szkolny kolega Radek.
– Proszę pani! – woła Ela. – Jaką nazwę ma nasza szkoła?
– Powiem wam w szkole na lekcji.
– A jaki adres? – pyta Radek.
– Adres szkoły też poznamy.

sza szo sze szy szą szu

Szanowna Redakcjo!

Nasza klasa ułożyła wierszyk na konkurs. Oto on:

Szedł Staszek do szkoły –
szumiały wszystkie drzewa.
Szedł szybko i gwizdał,
bo szóstki w szkole miewał.

Podajemy nasz adres:

Szkoła Podstawowa nr 1
ul. Szkolna 2
64-100 Leszno
Klasa Ia

Ósma klasa zrobiła na szkolnym boisku tor dla biegaczy.
– Ale dobrze! Zrobimy zawody. Zobaczymy, kto wygra.
– Biegną Czarek, Radek i Olek!
– Który to Czarek?
– Czarek ma czerwoną czapkę, a Radek czarno-białe buty.
– Dobiegają do mety! Czekamy na wynik!

– Pierwszy jest Czarek! Wygrał czekoladę!
– Dlaczego wygrał Czarek?
– Dlatego, że często wieczorem biega z tatą.

cza	czu	cze	czy	czą	czę

Rozmowa

Czarek i Bartek poszli na pocztę. Zamówili rozmowę do Szymka w Karpaczu.
– Karpacz, kabina druga, łączę.
– Tu Czarek i Bartek! Czy to Szymek?
– Tak, to ja. Jak to dobrze, że was słyszę!

– Co z nogą, czy nadal boli?
– Już jest lepiej. Gips zdjęty, nawet wolno spaceruję. Ten wyjazd był zepsuty, więc czekam na następny.
– Napisz do nas. Może zaplanujemy wspólne wakacje?
– Dobry pomysł!
– No, to do lata!

ZDROWE ZĘBY

– Jak ja wyglądam!
Jaki okropny grubas!
Oko jak szpareczka!
Ale boli i szczypie!

– Mamo, co zrobimy?
– Szybko do dentysty! Już zakładam płaszcz.
Na pewno jeszcze zdążymy.

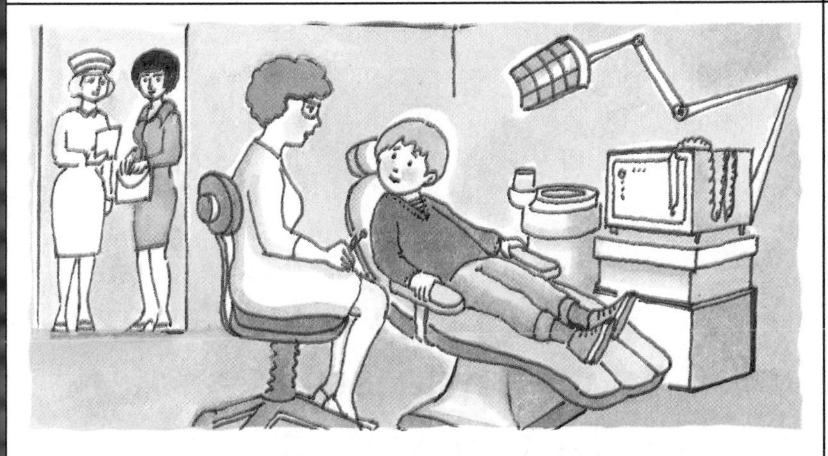

– Myj często zęby dobrą szczoteczką! Szoruj je przez dwie minuty! Pamiętaj o tym rano i wieczorem!

WSZYSTKIM ZĘBY BŁYSZCZĄ,
GDY JE DOBRZE CZYSZCZĄ.
I JA TEŻ WIEM TO SAM,
WIĘC O SWOJE ZĘBY DBAM.

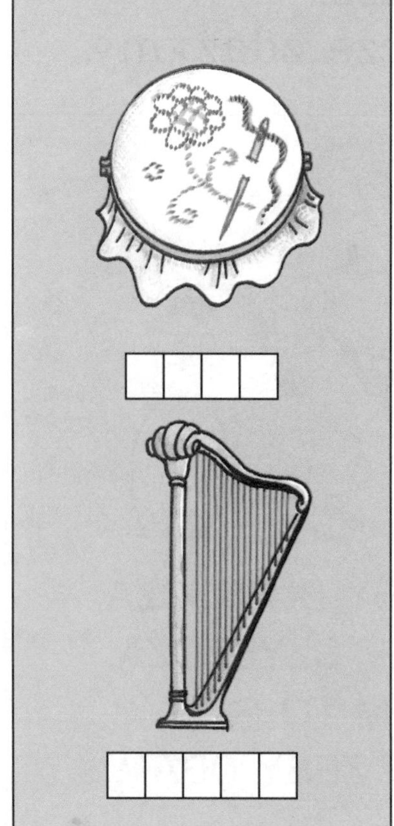

Podwieczorek u Uli

Bartek, Radek i Ela są na podwieczorku u Uli
Mają dobry humor. Ula nakryła stół
haftowaną serwetą. Postawiła wazon
z chabrami. Przygotowała kanapki z chleba
i szynki. Podała kubeczki z herbatą. Na deser

ha	he	hi	hu	ho

poda herbatniki, chałwę i tort orzechowy.
Połowę tortu Ula zostawi na wieczór dla dorosłych. Drugą połowę pokroi i poczęstuje swoich kolegów.
Na ile porcji pokroi Ula tę połowę tortu?

cha	chi	chę	chą	chy

Mój tata jest architektem – mówi Ela.
– Rysuje projekty różnych budowli. Są to domy, szkoły, pawilony handlowe, autostrady, a nawet tunele w górach.

Czasami tata projektuje domy z gotowych płyt. Są one wykonywane w halach fabrycznych. Płyty te jadą na plac budowy. Tam są ustawiane na kolejnych piętrach domu.

dzo	dzę	dze	dza	dzi	dzą	dzu

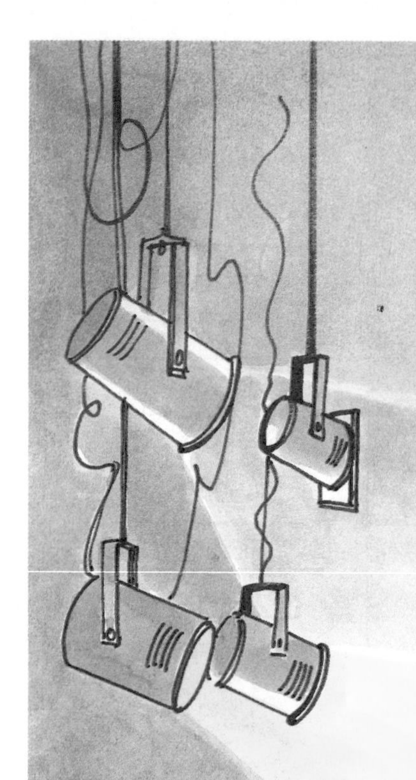

Pewnego razu zaproszono nas do telewizji. Koledzy z klasy wystąpili w „Teleranku”. Aż tu nagle pan redaktor zaproponował nam konkurs wiedzy o komputerach. Do zabawy wybrał między innymi Elę i Czarka. Bardzo nas martwiło, jak sobie poradzą. Ale oni, mimo dużej tremy i kamer telewizyjnych, wygrali. Główną nagrodą był komputer. I teraz wszyscy koledzy dużo czasu spędzają w szkole przed ekranem komputera.

– Mamo, upieczesz placek z dżemem?
– A może bułeczki drożdżowe?
– Dobrze, zrób bułeczki z dżemem.
– A kupisz drożdże?
– Ja tobie pomogę, a Tomek kupi drożdże.
– Tomek wyszedł z domu. Pojechał na kurs jazdy konnej. Kupił sobie nawet czapkę dla dżokeja.
– Och, zazdroszczę mu! Ale teraz pędzę po drożdże.

dżu	dże	dża	dżi	dżo	dżę	dżą

W dżungli 10 słoni żyło,
Było im ze sobą miło.

Zaproszono je do cyrku,
nauczono sztuczek kilku
i nadano im imiona:

Idą Dżin i Dżun, i Dżona,

Dżon, Dżan, Dżilla,

Dżek, Dżamilla,
Dżumbo i
Mały Dżi.

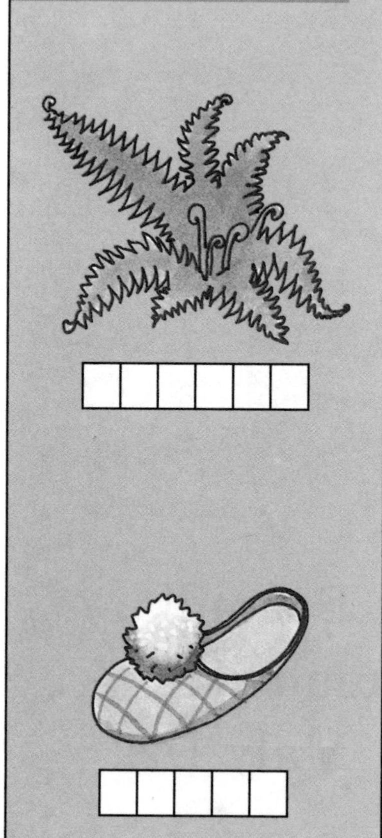

– Olku, lecimy w dobrym kierunku – mówi Maciek.

– Jest jeszcze daleko, a ja jestem głodny.

– Mamy ciastka. O! Widać już górzysty teren planety Saturn!

– Maćku, zobacz, jaka ciemna plama na tej planecie!

– Co to może być? O, to wielkie latające ćmy!

– Ale ciekawe zjawisko!
– One nas otaczają,
wpadają do rakiety!
Uszkodzą komputer!

cia	cie	cio	ciu	cią	cię

Moja babcia

–MOJA BABCIA,
KIEDY WEJDĘ JUŻ
DO ŁÓŻKA,
KOŁYSANKI
LUBI NUCIĆ MI
DO USZKA.

– A MOJA UCZY, JAK
MA NA IMIĘ
DRZEWO,
PTAK.

– A MOJA BABCIA MI
CIEPŁY SZALIK
ZAKŁADA
W CHŁODNE
DNI.

–A MOJA CIĄGLE
MI KAŻE PIĆ DUŻO
MLEKA. A GDY
WRACAM DO
DOMU – ZAWSZE
CZEKA.

– A MOJA BABCIA JEST
CAŁKIEM MŁODA.
ROBIMY
DALEKIE
WYCIECZKI
–CZY DESZCZ,
CZY POGODA.

–A JA MAM BABCIĘ
TYLKO NA ZDJĘCIU I...
SMUTNO MI...

Polecamy
ciastka i torty
firmy
Macieja Pomorskie
Podróże
do ciepłych
krajów
Kopciuszek
TEATR
zaprasza
na sztukę
p.t.
KWIAT
PAPROCI
KLUB „CICHY KĄCIK"
ZAPRASZA WAS NA WIECZÓR
Z CIOTKĄ KLOTKĄ
I PROFESOREM
CIEKAWSKIM
SOBOTA
17⁰⁰
MYJCIE OWOCE
WYCIECZKI
ROWEROWE
WE WTOREK
13 MARCA
DO CIECHOCINKA
ZBIÓRKA RANO O 7⁰⁰
Narysuj
swój
plakat!
MARCIN
TO CIAMAJDA
KOCHAM

Karuzela

W naszym parku tak wesoło –
Karuzela pędzi wkoło!
Karuzela, na niej konie –
tylko lejce złapać w dłonie
i polecieć hen! wysoko –
ponad lasem ku obłokom.
Gnać ku słońcu, a na górze
wylądować w białej chmurze.

Stanąć, zebrać lejce w dłoni,
aż nam dęba stanie konik.
I wrócić na karuzelę,
bo tam jednak najweselej.

nie	nia	nio	nię	nią	niu

Wigilia

Za oknem coraz ciemniej. Czekamy niecierpliwie. Maleńka gwiazdka na niebie daje nam tajemniczy znak. Już czas!

Biegniemy do choinki pięknie przystrojonej bombkami i łańcuchami. Łamiemy opłatek i składamy wszystkim najpiękniejsze życzenia. Pachną wigilijne dania. A tu jeszcze prezenty i kolędy!

To najważniejszy wieczór w roku.

Czy tylko dlatego, że dostajemy prezenty?

ś Ś

ś Ś

ślimak

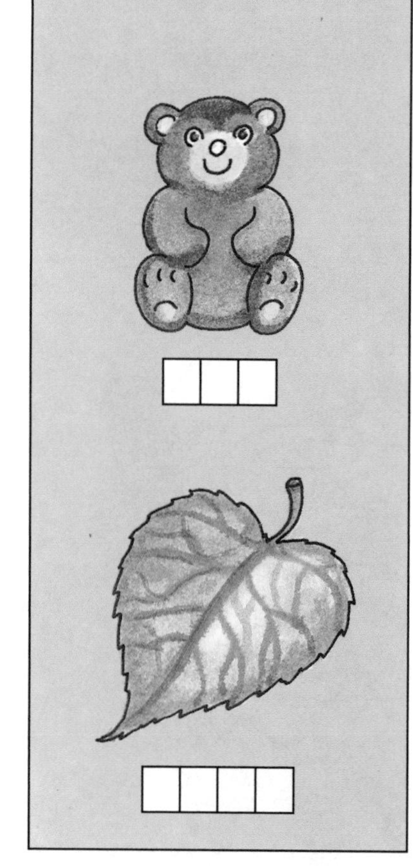

Jadłospis

sia sio sie siu się sią

ULA

Cześć, Ula!

Przykro nam, że jesteś chora. Często myślimy o Tobie i czekamy na Twój powrót do szkoły. Nawet nie wiesz, ile w naszej klasie się zmieniło, odkąd chorujesz! Tatuś Małgosi podarował nam akwarium z rybkami. Krzyś przyniósł roślinki, a Basia ładne kamyki. Karmimy rybki i dbamy o akwarium.

Szybko wracaj do zdrowia, bo w następnym tygodniu odwiedzą naszą szkołę redaktorzy „Świerszczyka". Dostaniemy od nich nagrodę za wierszyk, który wysłaliśmy na konkurs. Wszyscy bardzo się cieszymy.

Pozdrawiamy Cię!

Koleżanki i koledzy

Pożegnanie zimy

Zima jest piękna. Białe domy i ulice. I wszystko dookoła pod lodem. Zamarznięte jeziora i rzeki. Tylko ze źródełka woda wciąż płynie. Ale w marcu wszystko się zmieni. Roztopią się śniegi i lody.

Na wierzbach pojawią się bazie. Na podwórka wybiegną źrebaki i koźlęta. Zrobi się zielono. Ziemia z radością powita wiosnę.

zia	zie	ziu	zio	zię	zią

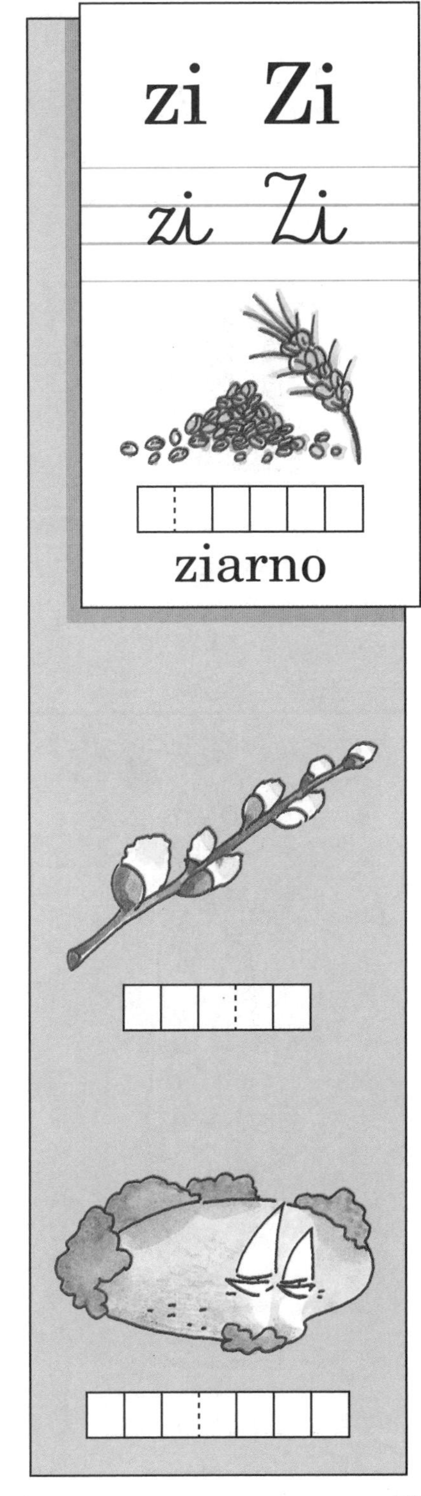

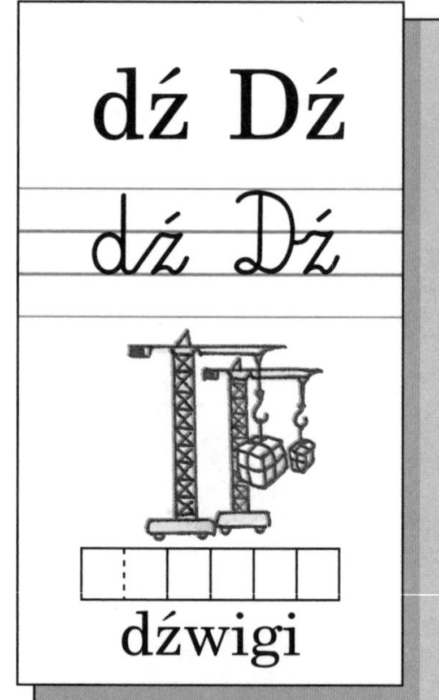

Dziś jest niedziela. Budzi nas dźwięk budzika. Pora wstawać! Dzisiaj naszą rodzinę odwiedzi dziadzio. Zrobimy mu niespodziankę!

dzia dzio dzie dzią dzię dziu

Dwa wozy

– Tato, czy to prawda, że noc jeździ po niebie dwoma wozami? – pyta Ela.
– Mamy na niebie Wielki Wóz. Nazywamy go też Wielką Niedźwiedzicą.
I mamy Mały Wóz, czyli Małą Niedźwiedzicę. Na niebie są też inne dziwy: Mały Lew, Łabędź, Niedźwiadek ...
– Tato, pokaż mi Małą i Wielką Niedźwiedzicę – mówi Ela.
– A ja je jutro narysuję – dodaje Tomek.
– Widzicie, dzieci? To tam! – pokazuje tata.

SZKOLNE FRASZKI

Dobra pamięć

Jacek zapomniał
zeszytu z wypracowaniem,
lecz nie zapomniał o serdelkach
na drugie śniadanie.

Dzwonek

– Kaziu,
co najbardziej lubisz w szkole?
– Nie powiem,
choćby mnie smażyli w smole.
– No, powiedz.
Nie będzie w tym żadnej niedyskrecji.
– Dobrze. Powiem. Dzwonek!
Po ostatniej lekcji.

O gadule

Choć dużo ma do gadania,
nie ma własnego zdania.

O sygnałach

Tylko taki, co ma w głowie zielono,
przechodzi – gdy nad jezdnią czerwono.

Aa Ąą Bb Cc Ćć Dd Ee Ęę

Literki dziecięce od A do Z

A było Andrusem i z dziećmi się biło.
B było Brzuchate, bo tak się roztyło.
C było Cieniutkie – „trzy ćwierci do śmierci".
D było Dentystą, co w zębach nam wierci.
E często w Entliczek-Pentliczek grywało.
F było Fabryką, z komina gwizdało.
G było Góralem, skakało przez górki.
H było Harcerzem, chodziło na zbiórki.

Ff Gg Hh Ii Jj Kk Ll Ł

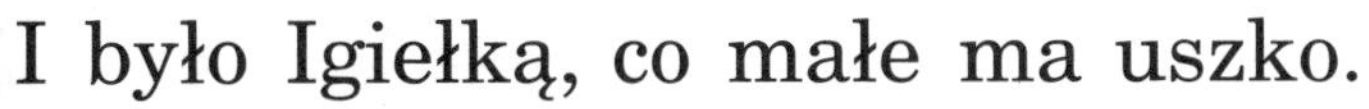

I było Igiełką, co małe ma uszko.
J było Jabłuszkiem, czubiło się z gruszką.
K było Kukułką (to ptaszek czy zwierzę?).
L było Lotnikiem, że aż podziw bierze.
M było Murzynkiem, lubiło jeść figi.
N było Nadęte, gadało na migi.
O było Okrągłe (to w druku widzimy).
P było Poetą, co składa to w rymy.
R było Rozrzutne, więc biedę dziś klepie.
S było Subiektem, co zawsze jest w sklepie.
T grało w Tenisa, machało rakietą.
U było Usłużne, pochwalmy je za to.
W lubiąc Wygodę wciąż grzało się w słońcu.
Z było Zmartwione, bo zawsze na końcu.

Mm Nn Ńń Oo Óó Pp Rr Ss

Podkreśl wyrazy

Ula była roztargniona i często zapominała o swoich obowiązkach. Postanowiła więc planować swoje dodatkowe zajęcia. Napisała, co każdego dnia zrobi:

2	PONIEDZIAŁEK Heleny	Napiszę list do cioci Wiesi, a później pójdę na lekcję gry na gitarze.
3	WTOREK Maryny	Pomogę mamie w gotowaniu obiadu – ugotuję kisiel.
4	ŚRODA Kazimierza	Wybiorę się z koleżanką na film.
5	CZWARTEK Adriana	Zrobię pranie: upiorę skarpetki i uprasuję fioletową sukienkę.
6	PIĄTEK Wiktora	Posprzątam mieszkanie, zrobię porządek w szafie i na biurku.
7	SOBOTA Tomasza	Wieczorem wykąpię pieska.
8	NIEDZIELA Jana	Jak będzie piękny dzień, pojadę z rodziną na wycieczkę.

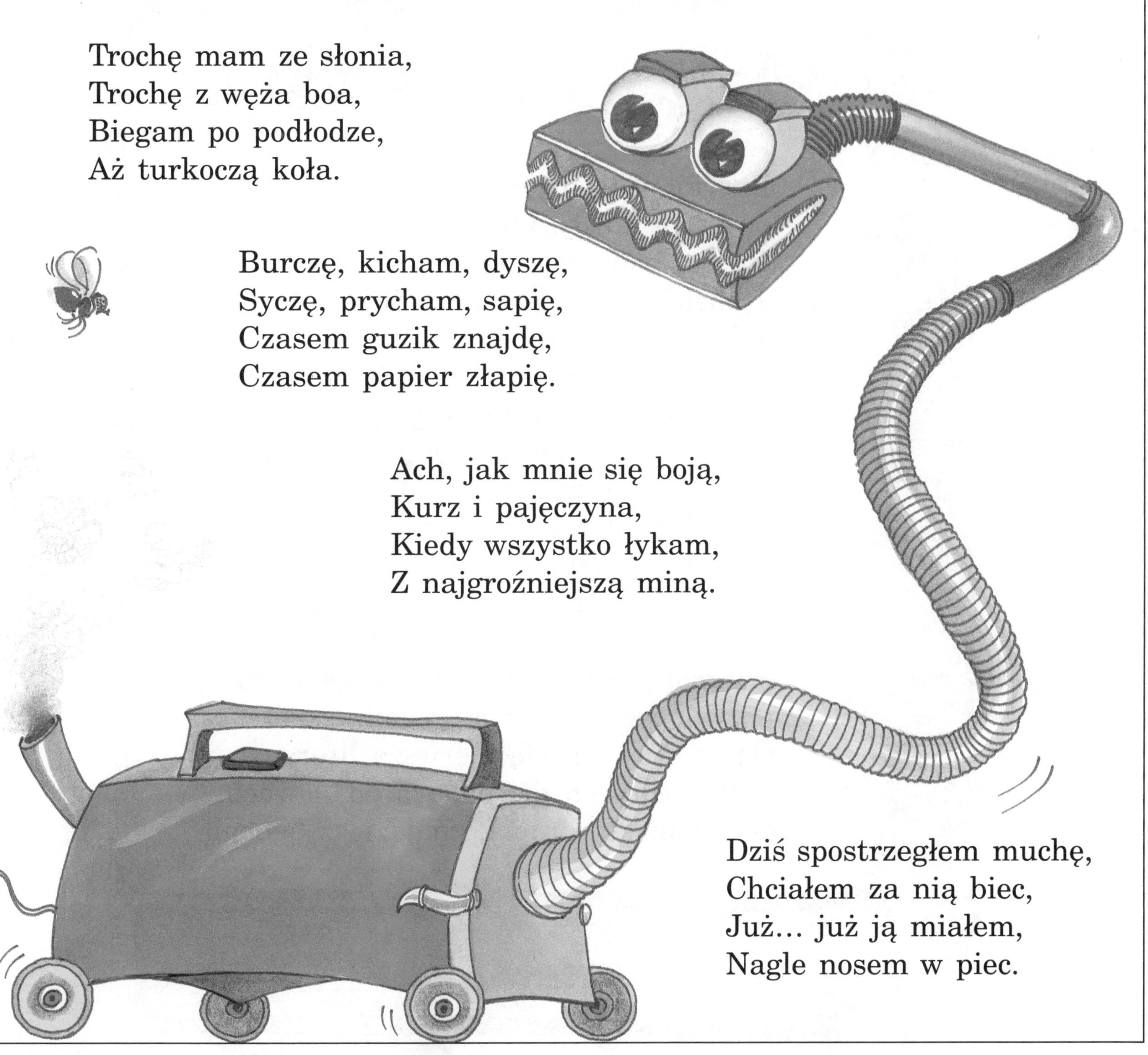

Trochę mam ze słonia,
Trochę z węża boa,
Biegam po podłodze,
Aż turkoczą koła.

Burczę, kicham, dyszę,
Syczę, prycham, sapię,
Czasem guzik znajdę,
Czasem papier złapię.

Ach, jak mnie się boją,
Kurz i pajęczyna,
Kiedy wszystko łykam,
Z najgroźniejszą miną.

Dziś spostrzegłem muchę,
Chciałem za nią biec,
Już… już ją miałem,
Nagle nosem w piec.

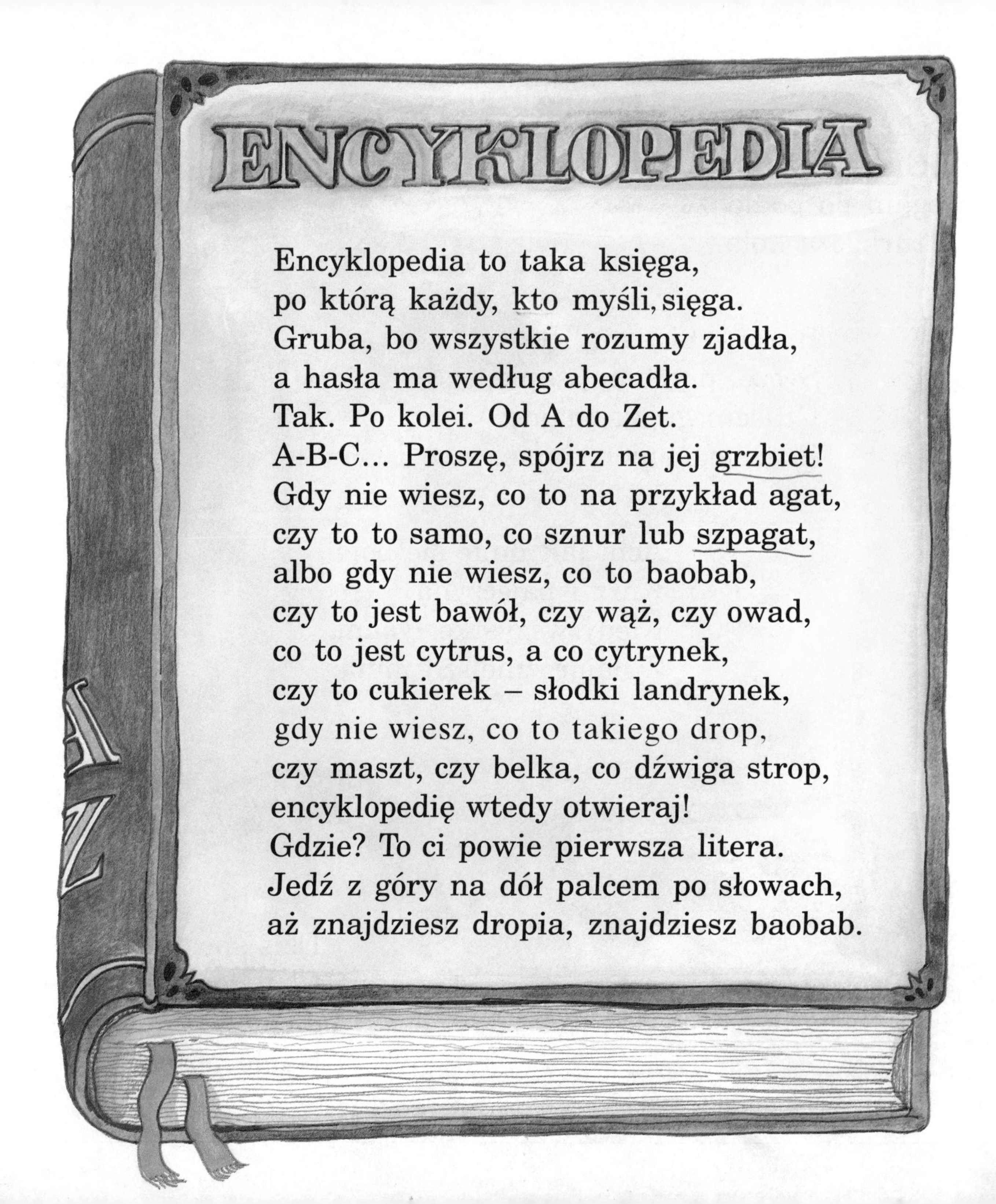

ENCYKLOPEDIA

Encyklopedia to taka księga,
po którą każdy, kto myśli, sięga.
Gruba, bo wszystkie rozumy zjadła,
a hasła ma według abecadła.
Tak. Po kolei. Od A do Zet.
A-B-C... Proszę, spójrz na jej grzbiet!
Gdy nie wiesz, co to na przykład agat,
czy to to samo, co sznur lub szpagat,
albo gdy nie wiesz, co to baobab,
czy to jest bawół, czy wąż, czy owad,
co to jest cytrus, a co cytrynek,
czy to cukierek – słodki landrynek,
gdy nie wiesz, co to takiego drop,
czy maszt, czy belka, co dźwiga strop,
encyklopedię wtedy otwieraj!
Gdzie? To ci powie pierwsza litera.
Jedź z góry na dół palcem po słowach,
aż znajdziesz dropia, znajdziesz baobab.

O czym szumi muszla?

Przyłóż muszlę do ucha,
o czym szumi – posłuchaj:

O niezmierzonej wód dali,
o trudnej pracy rybaków,
o statku mknącym po fali,
o mewie – śnieżystym ptaku.

O rybach z wodnej głębiny,
o wyspie z raf koralowych,
o złotych grudkach bursztynu,
o jutrzence tęczowej.

O słońcem złoconej plaży,
o sztormach i ostrym wietrze,
o stu przygodach żeglarzy,
o morza potędze wiecznej...

Przyłóż muszlę do ucha,
o czym szumi – posłuchaj...

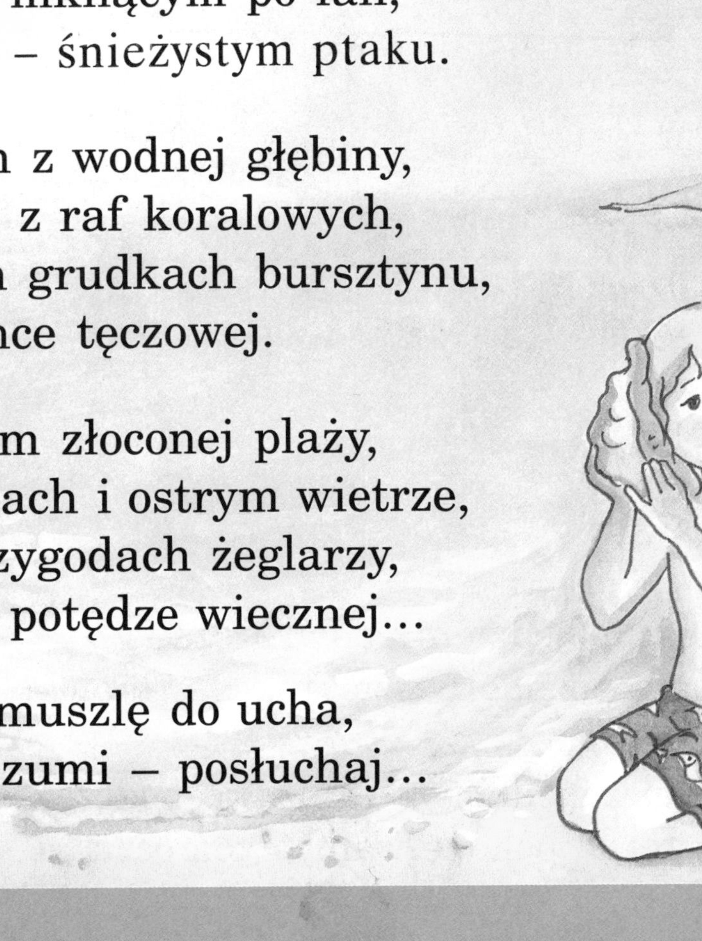

– Tato, kiedy pojedziemy do Warszawy? Chcielibyśmy poznać naszą stolicę – mówią Ela i Tomek.
– Dokładniej zwiedzimy Warszawę podczas wakacji, a teraz pokażę wam przezrocza.

– To jest Rynek Starego Miasta. Otacza go wiele pięknych, kolorowych kamieniczek.

– A ta budowla to Zamek Królewski. W dawnych latach mieszkali w nim polscy królowie. Zbudował go Zygmunt III Waza po przeniesieniu stolicy z Krakowa.

– Teraz widzicie pałac w Łazienkach. Otacza go piękny park. Dzieci chętnie tam chodzą i karmią łabędzie.

– Nad Wisłą, królową polskich rzek, stoi pomnik Syreny. Syrenka jest herbem Warszawy.

– Warszawa to także wysokie wieżowce, nowoczesne hotele. szerokie ulice, po których jeżdżą tramwaje, autobusy i wiele innych samochodów.

To Rzeczpospolita Polska.

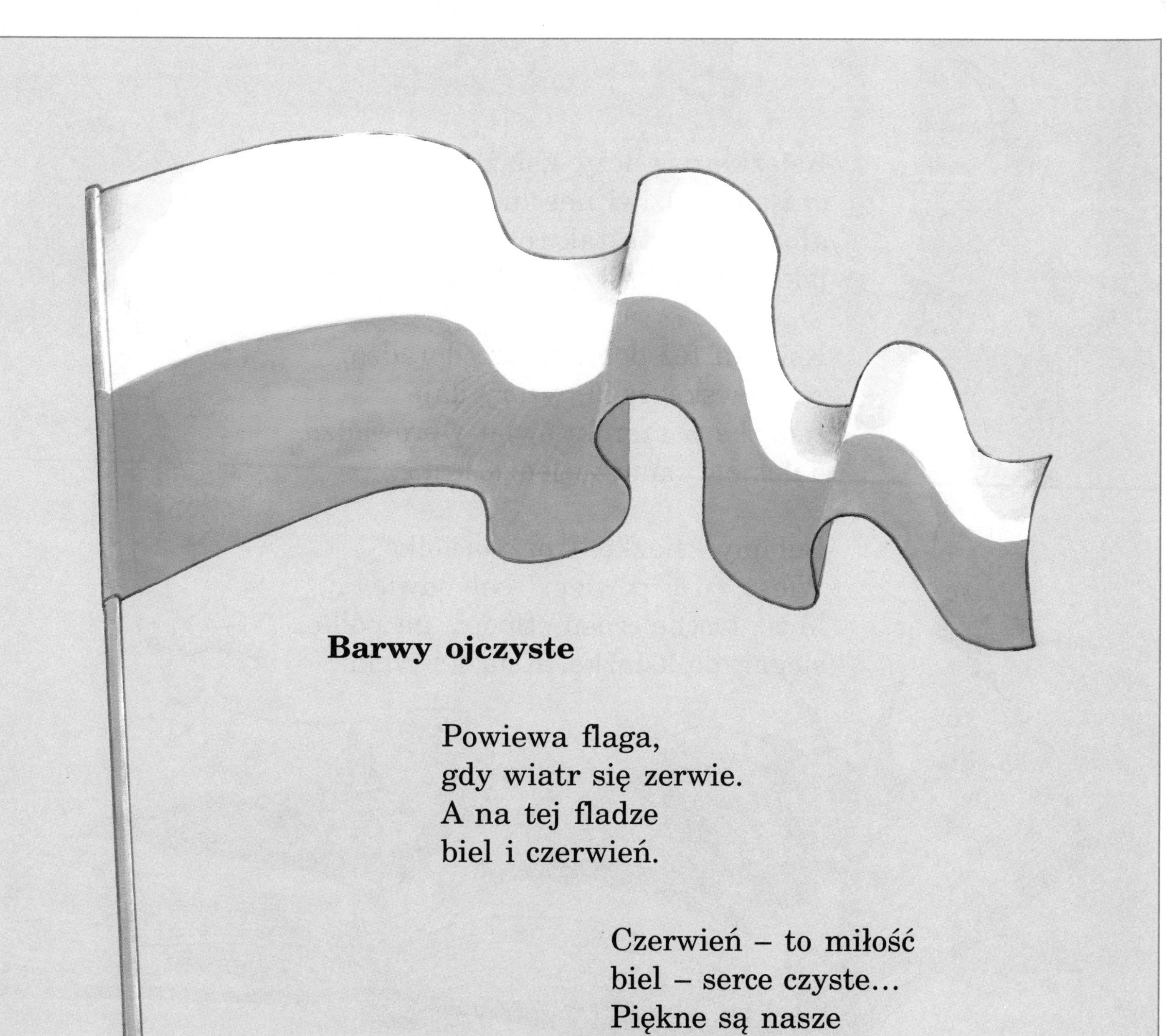

Barwy ojczyste

Powiewa flaga,
gdy wiatr się zerwie.
A na tej fladze
biel i czerwień.

Czerwień – to miłość
biel – serce czyste...
Piękne są nasze
barwy ojczyste.

Książka czeka

Książka nas uczy, książka cieszy,
czasem zadziwi nas niemało,
albo po prostu tak rozśmieszy,
jakby się dobry żart słyszało.

Książka też dobrze nam doradza,
różne wskazówki, wzory daje.
Książka w szeroki świat wprowadza,
dalekie z nami zwiedza kraje.

Lubimy książkę – przyjaciółkę.
Wiesz, co ci powiem? Nie odwlekaj.
Masz trochę czasu? Spójrz na półkę,
sięgnij po książkę! Książka czeka.

NASZE LEKTURY
JAK WOJTEK ZOSTAŁ STRAŻAKIEM
Maria Kownacka
Plastusiowy pamiętnik
JULIAN TUWIM
WIERSZE
dla dzieci
Maria Konopnicka
Na jagody

Spis lektur dla klasy 1

(do wyboru przez nauczyciela)

Pilot i ja .... Adam Bahdaj
Kto ty jesteś? Polak mały .... Władysław Bełza
Brzechwa dzieciom .... Jan Brzechwa
Szaraczek .... Mieczysława Buczkówna
Cudaczek-Wyśmiewaczek .... Julia Duszyńska
Czarna owieczka .... Jan Grabowski
Kopciuszek .... Hanna Januszewska
Jak Wojtek został strażakiem .... Czesław Janczarski
Jacek, Wacek i Pankracek .... Mira Jaworczakowa
Co słonko widziało; Na jagody .... Maria Konopnicka
Plastusiowy pamiętnik .... Maria Kownacka
Gdy miasto śpi .... Tadeusz Kubiak
Nasza mama czarodziejka .... Joanna Papuzińska
Psotki i śmieszki .... Janina Porazińska
Najmilsi .... Ewa Szelburg-Zarembina
Wiersze dla dzieci .... Julian Tuwim
Wierszykarnia .... Danuta Wawiłow